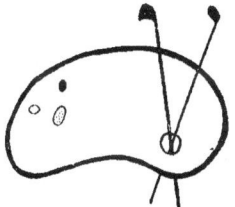

DEBUT D'UNE SERIE DE DOCUMENTS
EN COULEUR

21 AVR. 1858

CATALOGUE

TABLEAUX

DE MAITRES

DESSINS

ET GRAVURES ANCIENNES

VENTE LE MERCREDI 21 AVRIL 1858

M* CHARLES PILLET, Commissaire-Priseur
M FEBVRE, Expert

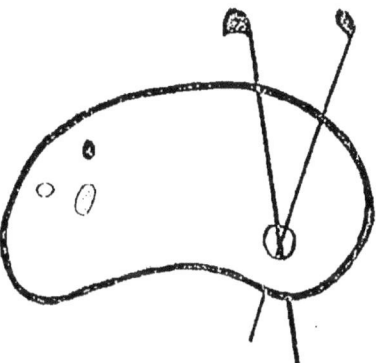

FIN D'UNE SERIE DE DOCUMENTS
EN COULEUR

CATALOGUE

D'UNE COLLECTION

DE

TABLEAUX ANCIENS

DE MAITRES

Dont un très-capital par Jacques JORDAENS

BONS DESSINS ANCIENS

DONT PLUSIEURS TRÈS-IMPORTANTS

PAR CLAUDE LORRAIN, OSTADE, WATTEAU ET AUTRES

BELLES ESTAMPES ANCIENNES

Et une **TABATIÈRE** ornée de miniature par FAUCOLOMBE

Le tout composant le Cabinet d'un Amateur

DONT LA VENTE AURA LIEU

HOTEL DES COMMISSAIRES-PRISEURS
RUE DROUOT, N° 5

SALLE N°

Le Mercredi 21 Avril 1858, à une heure et demie très-précise

Par le ministère de M° **CHARLES PILLET**, Commissaire-Priseur,
Successeur de M. BONNEFONS DE LAVIALLE,
rue de Choiseul, 11,

Assisté de M. **FEBVRE**, Expert, rue de Choiseul, 13

Chez lesquels se distribue le présent Catalogue.

EXPOSITION PUBLIQUE

Le Mardi 20 Avril, veille de la vente, de midi à 5 heures

—

1858

CONDITIONS DE LA VENTE

Elle sera faite au comptant.

Les acquéreurs paieront cinq pour cent en sus des adjudications.

Les amateurs aiment, avec raison, à rencontrer les collections vierges, telles qu'elles ont été formées; les tableaux sous le vernis doré que le temps seul donne; les dessins sur leurs cartons de couleurs encadrés souvent par des baguettes mesquines; les gravures avec le noir velouté que les acides font malheureusement disparaître au nettoyage.

La collection que l'on a bien voulu confier à nos soins a été formée en province; nous la livrons aux enchères telle qu'elle nous est parvenue; Plusieurs œuvres capitales et les noms illustres de leurs auteurs nous assurent le concours des amateurs sérieux, qui sont toujours présents lorsque l'art se rattache à l'objet à vendre.

Nous citerons donc, parmis les tableaux, le Concert après le repas, composition capitale par Jacques Jordaens; des Chiens gardant du gibier, par Sneyders; une Tentation de saint Antoine, le Paradis terrestre et deux Personnages, du fécond et spirituel Teniers fils; un petit Écolier dessinant, du premier faire de Greuze, et commandé à l'artiste par la famille même; un délicieux Béga, un Diétrich, rappellant Rembrandt; puis d'autres productions par Casanova, Polenburg, Boul et Baudewins et autres, complètent la série des tableaux.

Parmi les dessins apparaissent plusieurs noms qui figurent rarement dans nos catalogues : Claude Lorrain nous offre deux paysages, véritables chefs-d'œuvre ; Adrien van Ostade, deux compositions, dont une fort fort importante ; puis plusieurs lavis par Rembrandt, Backuysen, Nestcher, et des crayons de nos charmants peintres français Boissieu, Callot, Boucher, Eisen, Wille, Lemoine et autres.

Les gravures tiennent aussi une place distinguée : les belles pages de Rubens et de Van Dyck sont reproduites par les savants burins de Bolswert, Lauwers, Vorsterman et Pontius ; viennent ensuite des pièces par Rembrandt, Clouet, Leclerc, B. Picart ; puis une tabatière ornée de belles miniatures par Faucolombe complète cet ensemble artistique qui assure à cette vente une réussite certaine.

         A. FEBVRE.

DÉSIGNATION
DES TABLEAUX

ÉCOLES HOLLANDAISE & FLAMANDE

BALEM (VAN).

1 — Accablée par les fatigues de la chasse, Diane se repose sur le bord d'une rivière; l'une de ses nymphes lui présente un filet rempli de poissons.

BALEM (VAN) & KESSEL (VAN).

2 — Le Banquet des Dieux.

Des déesses, des nymphes et des amours président au festin; dans le fond, on aperçoit un bras de mer où des tritons et des naïades, la plupart montés sur des chevaux marins et des dauphins, se jouent sur les eaux en soufflant dans des conques.

BÉGA (CORNEILLE, SIGNÉ 1643).

3 — Près d'une table, sur laquelle est un plat d'argent contenant les débris d'un pâté, une jeune dame assise tient d'une main un pot et de l'autre un verre demi-plein.

BOUT & BAUDEWINS.

4 — Vue des bords de l'Escaut; à droite est l'entrée d'une ville et une place où des villageois dansent et célèbrent la kermesse; à gauche, sur le fleuve, plusieurs navires ont jeté l'ancre.

5 — Charmant paysage, site montagneux; au centre est une route où cheminent des cavaliers et des villageois.

6 — Autre paysage animé de figures et d'animaux.

BRAUWER (ADRIEN, ATTRIBUÉ A).

7 — Chaudronnier travaillant dans son atelier; autour de lui sont épars des ustensiles de ménage.

BRÉEMBERG (BARTHOLOMÉ)

8 — Campagne italienne au centre de laquelle s'élèvent les ruines d'un édifice antique; sur le devant un pâtre assis cause avec une villageoise.

BREUGHEL (D'ENFER).

9 — Intérieur d'un village flamand où des personnages regardent passer une procession d'enfants précédés par des petits musiciens.

10 — Joueur de musette traversant un village flamand; des groupes de curieux et un grand nombre d'enfants le suivent en criant.

BRIL (MATHIEU).

11 — Paysage, site alpestre, au milieu duquel coule une rivière torrentielle; au premier plan, à droite, est un ravin dominé par un pont sur lequel passe la Sainte Famille fuyant en Égypte.

DIETRICH.

12 — A la lueur de deux bougies, un rabbin, debout, est occupé à écrire, son livre est posé sur une table couverte d'un riche tapis en brocart d'or et d'argent.

DYCK (ANTOINE VAN)

13 — La Descente de croix.

> La Vierge et la Madeleine, au pied de la croix, reçoivent le corps inanimé du Sauveur.

FRANCK (DIT FRANCK FLORIS)

14 — Suivi par les saintes femmes et par le peuple, Jésus marche à la mort.

> On aperçoit dans le fond les hauteurs du Golgota.

FRANCK (SÉBASTIEN)

15 — Paysage d'une immense étendue, au centre duquel s'élève la tour de Babel, habitée par des marchands et des personnages de toutes conditions; à gauche, un bras de mer; à droite, vaste campagne où serpente une rivière; sur le devant, une terrasse où des architectes, à genoux, présentent des plans à un monarque.

GRIEF.

16 — Chiens gardant du gibier.

17 — Même genre de composition que le précédent.

JORDAENS (JACQUES).

18 — Le Concert après le repas.

Une famille entoure une table chargée de mets et de fruits; le maître de la maison, homme d'une physionomie joviale, tient un cahier de musique et bat la mesure en chantant; près de lui est sa femme et un bambin qui souffle dans un flageolet; la grand'maman, le petit frère et un gros garçon qui joue de la musette, prennent part à ce charivari domestique; des accessoirs appendus à la muraille, des oiseaux perchés et un chien complètent cette riche composition.

MICHAUD.

19 — Intérieur de village et place publique sur laquelle se tient un marché.

20 — Même genre de composition que le précédent.

POELENBURG (CORNEILLE).

21 — Madeleine en prière, visitée par des Séraphins; l'un d'eux se détache du groupe et lui présente une palme.

ROTHENAMER.

22 — Le Jugement de Midas.

Entouré de nymphes, de satires et d'amours, Apollon, assis, a accepté le défi du dieu Pan. Midas a déjà prononcé son jugement, car sur sa tête couronnée se dressent les fatales oreilles qu'il doit toujours garder.

SNEYDERS (FRANÇOIS).

23 — Chiens et gibier.

Sur un tertre et à l'entrée d'un bois, un renard est étendu près d'un chevreuil éventré; une trompe et une gibecière sont attachées à des branches; quatre chiens, dont trois lévriers, gardent le gibier. Œuvre capitale.

24 — Un chat vient de renverser un panier contenant des oiseaux morts, parmi lesquels on distingue un pivert, un bouvreuil et d'autres espèces au brillant plumage.

TENIERS (DAVID, FILS. SIGNÉ 1679).

25 — Ève présente à Adam la pomme que Satan vient de lui donner. Plus de cent animaux d'espèces diverses animent cette riche composition.

TENIERS (DAVID, FILS, SIGNÉ 1679).

26 — Tentation de saint Antoine.

>Des animaux fantastiques ont envahi la demeure du saint anachorète, qui, assis et les mains jointes, prie Dieu de le délivrer de ses hôtes infernaux.

27 — Villageois devant un pupitre et occupés à écrire.

28 — Femme assise comptant des pièces de monnaie.

VELDE (ISAIE VAN DEN).

29 — Paysage avec marais, au bord duquel est un chasseur à l'affût.

ÉCOLE FRANÇAISE

CASANOVA.

30 — Marche d'un convoi militaire.
31 — Choc de cavalerie près d'un pont.

DUTILLIEU (JEUNE, SIGNÉ).

32 — Dans une grotte où coule une fontaine, Diane et ses nymphes se disposent à se baigner.

GREUZE (JEAN-BAPTISTE)

33 — Jeune écolier dessinant.
    Charmante page de la première manière de ce maître.

ÉCOLE ITALIENNE

SACCHI (ANDRÉA).

34 — Dans une salle, un grand nombre de personnages assistent à un concert dirigé par un maître de chapelle, qui touche du clavecin et dirige les exécutants.

DESSINS.

ARPINO (JOSEPH-CÉSAR), DIT LE JOSÉPIN.

35 — La Transfiguration.
   A la pierre d'Italie et à la sanguine.

BACKUYSEN (LUDOLPHE).

36 — Naufrage.
   Très-énergiquement exécuté à la plume, lavé à l'encre de Chine.

37 — Navire battu par la tempête.
   A la plume et lavé à l'encre de Chine.

BREEMBERG (BARTHOLOMÉ).

38 — Campagne italienne animée de figures.
   Lavé à l'encre de Chine.

39 — Paysage, site italien.
   A la plume, lavé à l'encre de Chine.

BLOÉMAERT (ABRAHAM).

40 — Une Scène du déluge.
   A la plume et lavé à l'encre de Chine.

BOUCHARDON.

41 — Sujet mythologique.
　　Crayon rouge.

BOISSIEU (J. J. DE)

42 — Deux tonneliers et une femme dans l'intérieur d'un caveau.
　　Cette œuvre, d'un effet piquant, est exécutée à la plume et au bistre.

43 — Intérieur de ferme avec figures et animaux.
　　Pendant du précédent.

BOUCHER (FRANÇOIS)

44 — Tête d'enfant vue de profil.
　　Aux trois crayons sur papier roux.

45 — Bacchante et Amour.
　　Au crayon noir et à l'estompe rehaussé de blanc.

BREUGHEL (DIT BREUGHEL DE VELOURS).

46 — Paysage avec figures et animaux.
　　A la plume, lavé au bistre.

BREUGHEL (PIERRE), DIT BREUGHEL D'ENFER.

47 — Kermesse.
    A la plume et au bistre.

CALLOT (JACQUES).

48 — Le Martyre de saint Sébastien.
    Très-largement exécuté au bistre.

CASANOVA.

49 — Choc de cavalerie.
    A la plume, lavé au bistre.

CASTIGLIONE (JEAN-BENOIT), DIT LE BENEDETTO.

50 — Pâtres et animaux.
    Au crayon noir, lavé au bistre.

51 — Circé et les compagnons d'Ulysse changés en pourceaux.
    A la plume, au bistre et en couleur.

CIRO-FERI.

52 — Sujet mythologique.
    Au crayon, lavé de bistre et rehaussé de blanc.

CHARDIN (J.-B. SIMÉON).

53 — Tête de jeune fille vue de profil.
   Aux trois crayons.

DESFRICHES (D'ORLÉANS).

54 — Paysage.
   Crayon et bistre.

DUVIVIER (IGNACE)

55 — Taureau attaqué par des chiens.
   A l'encre de Chine, rehaussé de blanc.

EISEN (CHARLES).

56 — Les Amours vendangeurs.
   A la plume, lavé à l'encre de Chine.

GELLÉE (CLAUDE), DIT LE LORRAIN

57 — Très-beau paysage avec figures.
   Ce morceau, d'un grand effet, en largeur, est librement traité à la plume et au lavis de bistre.

58 — Autre beau paysage en hauteur, où sont représentés, sur le premier plan, Tobie et l'Ange.
   A la plume, lavé à l'encre de Chine.

GILLOT (CLAUDE).

59 — Sorciers et sorcières partant pour le sabbat.
   A la plume, lavé de sanguine.

60 — L'Éducation d'un Satyre.
   A la plume, lavé de sanguine et rehaussé de blanc.

LA HYRE (LAURENT DE)

61 — La Mise au tombeau.
   Crayon noir.

LEFEVRE (CLAUDE).

62 — Portrait de Molière.
   Aux trois crayons et au pastel.

LEMOINE (FRANÇOIS).

63 — Tête d'expression.
   Au crayon noir, à la sanguine et au pastel.

LIONI (OCTAVE).

64 — Portrait de Tadeo Barberino.
   Aux trois crayons, sur papier bleu.

65 — Portrait de la duchesse Di Ceri.
   Même manière que le précédent.

LAUTERBOURG (PHILLIPE-JACQUES)

66 — Animaux au repos dans un paysage.
  Mine de plomb, lavé de bistre.

MIGNARD (PIERRE)

67 — Sainte Thérèse en adoration devant la Vierge.
  Crayon noir, rehaussé de blanc.

NETTSCHER (GASPARD)

68 — Intérieur. Trois figures.
  A la plume, lavé au bistre.

OSTADE (ADRIEN VAN)

69 — Le Jeu de quilles.
  Riche composition très-énergiquement exécutée à la plume et lavée au bistre.

70 — Quatre figures dans un intérieur.
  Énergiquement traité à la plume et lavé à l'encre de Chine.

PARROCEL (JOSEPH)

71 — Bataille.
  Composition très-capitale à la plume, lavée au bistre.

REMBRANDT.

72 — Homme assis travaillant.
   A la plume et lavé à l'encre de Chine.

73 — Homme assis dans un fauteuil.
   A la plume et lavé à l'encre de Chine.

SWANEVELT (HERMAN).

74 — Paysage italien, avec ruines d'un temple antique.
   A la pierre d'Italie et lavé de bistre.

VANLOO (CARLE).

75 — Évêque lisant.
   Crayon rouge.

VISSCHER (CORNEILLE DE).

76 bis — Deux têtes de vieillards à la pierre d'Italie et à l'encre de Chine.

WATTEAU (ANTOINE).

76 — Très-belle feuille d'études, en largeur, représentant huit têtes de femmes et une de Scapin.

Spirituellement exécutée aux trois crayons sur papier roux.

WATTEAU (ANTOINE).

77 — Autre feuille d'études représentant quatre têtes de femmes, une tête d'homme et trois têtes de jeunes nègres.

Exécutée de la même manière que la précédente.

78 — Autre feuille d'études représentant six personnages de la Comédie italienne, trois femmes et trois hommes.

Même manière que les précédentes.

79 — Autre feuille. Quatre danseurs en habits de fête; deux vus de face, deux vus de dos.

Même manière que les précédentes.

VERSCHURING (HENRY).

80 — Halte de cavaliers au bord d'un lac.

A la plume, lavé à l'encre de chine.

VLIET (VAN).

81 — Deux dessins montés sur la même feuille, représentant des paysages

A la plume, lavés au bistre.

WAILLY (C... DE)

82 — Intérieur d'un Temple.

A la plume, lavé à l'encre de Chine et en couleur.

WILLE (PIERRE-ALEXANDRE) LE FILS.

83 — Deux femmes, un homme et un enfant dans un appartement.

Morceau, en hauteur, très-précieusement exécuté à la sanguine.

ZUCCHERO (FRÉDÉRIC).

84 — Groupe de sept figures.

A la pierre d'Italie et à la sanguine.

GRAVURES.

BEAUVARLET (JACQUES-FIRMIN).

85 — La Conversation et la Lecture espagnole; morceaux en hauteur, d'après Carle Vanloo. Belles épreuves avant la lettre.

86 — La Confidence, d'après le même peintre. Belle épreuve avant la lettre.

BELLA (ÉTIENNE-DELLA).

87 — Saint Prosper, évêque, descendant du ciel, une épée à la main, pour secourir une ville assiégée, qu'on croit être celle de Reggio, en Italie (Jombert, 68). Morceau extrêmement rare. Première et belle épreuve avant les armes et la dédicace.

88 — La perspective du Pont-Neuf de Paris (Jombert, 112). Belle épreuve, mais manquant de conservation.

BLOEMAERT (CORNEILLE).

89 — Saint Pierre ressuscitant Thabithe, veuve illustre, à Joppé, d'après Jean-François Barbieri, dit le Guerchin. Très-belle épreuve.

BOLSWERT (SCHELTE A.)

90 — Le Christ en croix entre les deux larrons. Belle pièce en hauteur, d'après P.-P. Rubens (Basan, 86 du Nouveau-Test.). Première épreuve tirée avant le titre : *Et latrones, unum à dextris, alterum à sinitris.*

91 — Le Christ en croix entre les deux larrons ; un centenier lui perce le côté droit, et un bourreau casse les jambes au mauvais larron. Très-belle pièce en hauteur, d'après P.-P. Rubens (Basan, 87 du Nouv.-Test.). Superbe épreuve.

92 — Sainte Famille. La Sainte Vierge assise, dans un paysage, tient sur ses genoux l'Enfant-Jésus endormi ; à droite, saint Joseph. Morceau en hauteur, d'après Antoine Van Dyck. Première et très-belle épreuve avant l'adresse de Bon-Enfant

93 — Le Couronnement d'épines, d'après un tableau d'Antoine Van Dyck, qui est en Prusse. Première et très-belle épreuve, avant les contre-tailles au vêtement du soldat qui est à droite ; elle a de la marge.

CALLOT (JACQUES)

94 — La Foire de Gondreville, près Nancy. Morceau appelé ordinairement : *les Joueurs de Boules*. Première et belle épreuve avant le nom du maître, sur le terrain à gauche, au-dessus du trait carré. Très-rare.

CLOUWET ou CLOUET (PIERRE)

95 — La Descente de croix, d'après P.-P. Rubens (Basan, 97 du Nouv.-Test.). Très-belle épreuve.

DREVET (PIERRE-IMBERT, FILS)

96 — Adam et Ève devant l'Éternel, après leur péché. Grande pièce en hauteur, d'après Antoine Coypel. Rare épreuve avant la lettre et les armes.

LAUWERS ou LAWERS (NICOLAS)

97 — L'Adoration des Rois. Belle pièce en hauteur, d'après P.-P. Rubens (Basan, 17 du Nouv.-Test.). Belle épreuve.

LE CLERC (SÉBASTIEN)

98 — L'Académie des sciences et des beaux-arts (Jombert, 263). Épreuve de la plus grande rareté, avant la lettre et les armes, et avant grand nombre d'additions, principalement la lanterne du péristyle et la manche du nécromancien. C'est le premier état décrit.

Le même sujet (Jombert, 263). Épreuve avec la lettre et les armes, et avec le mot *chevalier R*.

99 — L'Entrée d'Alexandre dans Babylone (Jombert, 285). Belle épreuve, avec la tête du héros vue de profil.

99 bis. — Le même sujet (Jombert, 285). Épreuve ordinaire, avec la tête d'Alexandre vue de trois quarts.

MARINUS (IGNACE)

100 — La Nativité. Pièce en hauteur, d'après Jacques Jordaens (Hecquet, n° 3).

NOLPE (PIETER)

101 — Le mois de Mars, représenté par une tempête. Morceau en largeur, d'un grand effet. Très-belle épreuve.

PICART (BERNARD)

102 — Le Massacre des Innocents. Pièce capitale du maître. Première et belle épreuve, avant la couronne sur la tête d'Hérode qu'on remarque à droite.

PONTIUS ou DUPONT (PAUL)

103 — Jésus-Christ mort sur les genoux de la Vierge : à côté de lui, saint François les mains jointes. Très-belle pièce en hauteur, d'ap. P.-P. Rubens (Basan, 101 du Nouv.-Test.). Belle épreuve.

REMBRANDT.

104 — Rembrandt app yé, B. 21. Belle épreuve

105 — Six pièces montées sur une feuille de papier, savoir : le Denier de César, B. 68; la Samaritaine, B. 71; le Martyre de saint Étienne, B 97; la Faiseuse de Kouks, B. 124; Gueux et Gueuse, B. 164; la Femme à la calebasse, B. 168.

106 — Huit autres pièces montées sur une feuille de papier, savoir : Portrait de Rembrandt à cheveux courts et frisés, B. 26; le Persan, B.

152; Jeune homme à mi-corps, B. 310 ; Homme avec chapeau à grand bord, B. 311 ; Femme coiffée en cheveux, B. 347; Buste de la mère de Rembrandt, B. 349; Mauresque blanche, B. 357; Tête de femme, B. 358.

VORSTERMAN (LUCAS, DIT LE VIEUX).

107 — Le Christ descendu de la croix. Morceau en largeur, d'après Antoine Van Dyck. Très-belle épreuve, avant l'adresse de Bon-Enfant.

108 — Tabatière ornée de belles miniatures exécutées par Faucolombe. Monture en vermeil du temps de Louis XVI.

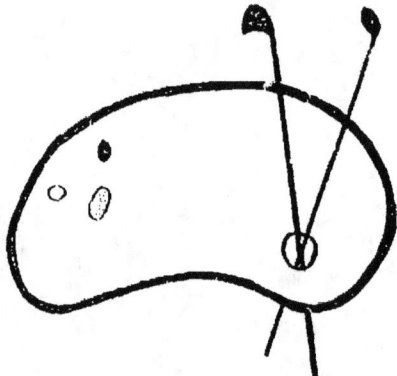

ORIGINAL EN COULEUR
NF Z 43-120-8

www.ingramcontent.com/pod-product-compliance
Lightning Source LLC
Chambersburg PA
CBHW050031230526
45470CB00003B/1217